AF592264

12 avril 1899

COLLECTION

de

M. Alfred Hartmann

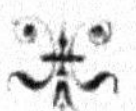

VENTE APRÈS DÉCÈS

Collection de M. Alfred HARTMANN

CATALOGUE

des

TABLEAUX MODERNES

et

Aquarelles remarquables

PAR

J. Achard, Berne-Bellecour, Bouguereau, John-Lewis Brown, Cazin, Chaplin, Eug. Delacroix, Fortuny, Français, Gavarni, Harpignies, Hébert, Heilbuth, Isabey, Jacquemard, Louis Leloir, Madeleine Lemaire, Lessi, Meissonier, Gustave Moreau, Van Muyden, de Neuville, Pils, Th. Rousseau, Vibert, Worms, Ziem, Zuber, etc.

DONT LA VENTE AURA LIEU

HOTEL DROUOT, SALLES Nos 5 ET 6

Les Mercredi 12, Jeudi 13, Vendredi 14 et Samedi 15 Avril 1899

à deux heures et demie

EXPOSITIONS : Salles Nos 5, 6, 7 et 8

PARTICULIÈRE	PUBLIQUE
Le Lundi 10 Avril 1899	Le Mardi 11 Avril 1899

de une heure et demie à cinq heures et demie

Entrée par la rue de la Grange-Batelière

COMMISSAIRES-PRISEURS :

Me G. COULON	Me G. DUCHESNE
12, rue de la Victoire, 12	6, rue de Hanovre, 6

EXPERT :

M. Henri HARO

PEINTRE-EXPERT

14, rue Visconti et rue Bonaparte, 20

1899

CE CATALOGUE SE DISTRIBUE

à Paris, chez :

Me G. COULON
COMMISSAIRE-PRISEUR
12, rue de la Victoire, 12

Me G. DUCHESNE
COMMISSAIRE-PRISEUR
6, rue de Hanovre, 6

M. Henri HARO
PEINTRE-EXPERT
14, rue Visconti et rue Bonaparte, 20

CONDITIONS DE LA VENTE

Elle sera faite au comptant.

Les acquéreurs payeront *cinq pour cent* en plus du prix d'adjudication.

PRIX DU CATALOGUE ILLUSTRÉ : **40** FRANCS

TABLEAUX

Anciens et Modernes

ACHARD (J.)

1 — Le Sentier.

Signé à gauche.

T. — H., 0m,53, L., 0m,72.

ASSCHE (H. Van)

2 — L'Église du Village.

Signé à droite.

B. — H., 0m,41. L., 0m,62.

BARON (Henri)

3 — L'Amour vainqueur.

Cadre en bois sculpté.
Signé à droite.

B. — H. 0m,25. L., 0m,19.

BARON (Henri)

4 — La Lecture.

Signé à droite.

B. — H., 0^m,22. L., 0^m,18.

5 — Le Chalumeau.

Signé à droite.

B. — H., 0^m,21. L., 0^m,14.

6 — Un Déjeuner sur l'herbe.

Signé à droite et daté 1878.

T. — H., 0^m,62. L., 0^m,42.

BOGUET (Le Chevalier)

7 — Paysage italien : Frascati.

T. — H., 0^m,37. L., 0^m,48.

BOTH (Jean)

(Attribué à)

8 — Paysage italien.

B. — H., 0^m,33. L., 0^m,40.

BOUGUEREAU (W.)

9 — Le Rêve.

Signé dans le haut à droite et daté 1898.

T. — H., 1^m,00. L., 0^m,69.

BRUELS (L.)

10 — Une Noce de villageois romains.

Signé à droite et daté : Rome.

T. — H., 0^m,29. L., 0^m,33.

CESBRON (Achille)

11 — Un Champ de rosiers.

Signé à droite.

T. — H., 0^m,50. L., 0^m,65.

CHAPLIN (Charles)

12 — Jeune Fille endormie.

Signé à gauche.

T. — H., 0^m,14. L., 0^m,24.

13 — La Toilette.

Signé à gauche.

T. — H., 0^m,47. L., 0^m,39

DELORT

14 — Joueuse de vielle.

Signé à droite.

B. — H., 0^m,29. L., 0^m,20.

DUNAND

15 — Vaches à Villeneuve, sur le lac de Genève.

Carton. — H., 0^m,33 L., 0^m,52.

DUPRAY (H.)

16 — Les grandes Manœuvres.

Signé à gauche.

T. — H., 0m,31. L., 0m,41.

FRANÇAIS ET BARON (H.)

17 — Les Joueurs de boules; terrasse de la villa d'Este à Tivoli.

Signé à gauche : Français, à droite : Fig. par H. Baron.

B. — H., 0m,42. L., 0m,65.

18 — Terrasse de la Villa Frémy.

Signé à droite : Français et Baron.

B. — H., 0m,40. L., 0m,54.

FRANÇAIS (Louis)

19 — Les Cascatelles de Tivoli.

Signé à droite et daté 1861.

T. — H., 0m,35. L., 0m,42.

20 — Laveuses aux Vaux-de-Cernay.

Signé à gauche.

T. — H., 0m,38. L., 0m,47.

FRANÇAIS (Louis)

21 — Une mare aux canards dans le parc de Chenonceaux.

Signé à gauche et daté 55.

T. — H., 0m,32. L., 0m,44.

22 — Paysage italien.

Signé à droite.

B. — H., 0m,50. L., 0m,42.

23 — La Moisson; environs de Nemours.

Signé à droite.

T. — H., 0m,33. L., 0m,49

24 — Une Percée sur la mer dans la Villa Frémy, Nice.

Signé à droite et daté 1881. A gauche : Nice.

B. — H., 0m,42. L., 0m,34.

25 — Route de Villefranche et Villa Felipa.

Signé à droite et daté 1881. A gauche : Villa Felipa.

B. — H., 0m,34. L., 0m,42.

26 — L'Olivier du plateau d'Antibes.

Signé à droite et daté 94.

T. — H., 0m,34. L., 0m,52.

FRANÇAIS (Louis)

27 — Une Allée du Jardin des Hespérides, à Cannes.

Signé à droite et daté 1890. A gauche : Jardin des Hespérides, Cannes.

T. — H., 0m,57. L., 0m,47.

28 — Le Château et l'Église collégiale de Loches.

Signé à droite.

B. — H., 0m,30. L., 0m,22.

29 — Vue du lac Léman et du Mont-Blanc depuis Saint-Cergues, dans le canton de Vaud (Suisse).

Signé à droite et daté 1869.

T. — H., 1m,31. L., 1m,64.

30 — La Petite Mare à Moulin-Neuf, près Clisson.

Signé à droite et daté 1885.

T. — H., 0m,43. L., 0m,52.

31 — Le Pré-Cabri, à Plombières ; effet d'hiver.

Signé à gauche et daté 9 octobre 1888.

T. — H., 0m,46. L., 0m,53.

32 — Vue de Clisson avec son vieux château.

Signé à gauche et daté 1891 ; à droite : Clisson

T. — H., 0m,47. L., 0m,39.

FRANÇAIS (Louis)

33 — Une Ferme aux environs de Plombières.

Signé à gauche et daté 1888.

T. — H., 0^m,55. L., 0^m,46.

34 — Bananiers dans le jardin de la Villa Frémy, à Nice.

Signé à droite et daté 1882.

T. — H., 0^m,55. L., 0^m,45.

35 — Adam et Ève chassés du Paradis.

Signé à droite et daté 1877.

T. — H., 0^m,92. L., 0^m,57.

36 — Le Baptême du Christ.

T. — H., 0^m,92. L., 0^m,57.

37 — Église et Village de Belle-Fontaine, près de Plombières.

Signé à gauche et daté 1891.

T. — H., 0^m,33. L., 0^m,42.

38 — Le Bas-Meudon.

Signé à droite et daté 92.

T. — H., 0^m,50. L., 0^m,65.

39 — Le Martyre de sainte Agnès.

(Belle copie d'après Paul Véronèse.)

T. — H., 0^m,45. L., 0^m,51.

FRANÇAIS (Louis)

40 — Les premières feuilles au ravin du Neufpré, près de Plombières.

Signé à droite et daté 88.

T. — H., 0m,70. L., 0m,53.

41 — Citronniers et Palmiers dans le jardin de la Villa Frémy, à Nice.

Signé à droite et daté : Nice, 1886.

T. — H., 0m,55. L., 0m,45.

42 — Vue de Clisson.

Signé à droite et daté 1891.

T. — H., 0m,46. L., 0m,38.

43 — Un Oranger dans la Villa Frémy, à Nice.

Signé à gauche, daté à droite : Nice, 1872.

T. — H., 0m,42. L., 0m,34.

FORTUNY

44 — La Halte.

Signé à gauche.

B. — H., 0m,33. L., 0m,25.

HAMON (Louis)

45 — Muses sur les ruines de Pompéi.

Signé à droite et daté : Capri, 1871.

T. — H., 0m,49. L., 0m,40.

HARPIGNIES (H.)

46 — Souvenir d'Hérisson (Allier).

Belle qualité du Maître.
Signé à gauche et daté 1876. A droite : Hérisson (Allier).

T. — H., 0^{m},50. L., 0^{m},80.

HOWLAND (F.)

47 — L'Orientale.

Signé à gauche du monogramme.

B. — H., 0^{m},49. L., 0^{m},25.

HUMBERT (Ferdinand)

48 — La Madone et l'Enfant.

Signé à gauche.

T. — H., 0^{m},30. L., 0^{m},16.

ISABEY (Eugène)

49 — Une Vengeance.

Signé à gauche et daté 71.

B. — H., 0^{m},40. L., 0^{m},30.

50 — La Visite à la chapelle.

Signé à droite et daté 74.

T. — H., 0^{m},52. L., 0^{m},72.

JAPY (Louis)

51 — Bruyères de la Muette, dans la forêt de Compiègne.

Signé à droite et daté 82.

B. — H., 0m,34. L., 0m,43.

KREYDER (Alexis)

52 — Fleurs.

Signé à droite et daté 1863.

T. — H., 0m,90. L., 0m,73.

53 — Le Schlosswald, à Munster (Alsace).

Signé à gauche.

T. — H., 0m,39. L., 0m,65.

54 — Fruits.

Signé à droite.

T. — H., 0m,81. L., 1m,46.

55 — Fleurs.

Signé à droite.

T. — H., 0m,80. L., 0m,65

56 — Fleurs.

Signé à gauche.

T. — H., 1m,08. L., 0m,82.

57 — Fleurs.

Signé à gauche.

T. — H., 0m,55. L., 0m,45.

LETO DE CAPRI

58 — Une Villa, à Capri.

Signé à gauche.

T. — H., $0^m,52$. L., $0^m,40$.

59 — Une Maison à Capri.

Signé à gauche.

B. — H., $0^m,42$. L., $0^m,25$.

MILLET FILS (François)

60 — Vue de Munster.

Signé à droite.

T. — H., $0^m,46$. L., $0^m,57$.

MONTICELLI

61 — Femmes et Enfants dans un Jardin

Signé à gauche.

B. — H., $0^m,49$. L., $0^m,38$.

62 — Assemblée dans un parc.

Signé à gauche.

B. — H., $0^m,46$. L., $0^m,38$.

VAN MUYDEN

63 — La Moisson, Campagne romaine.

Signé à droite et daté 1874.

T. — H., $0^m,60$. L., $1^m,05$.

VAN MUYDEN

64 — La Jeune Mère.

Signé à gauche et daté 1866.

T. — H., 0^m,41. L., 0^m,30.

65 — Intérieur romain.

Signé à droite et daté 1873.

T. — H., 0^m,50. L., 0^m,42.

NEUVILLE (A. DE)

66 — Chasseur à pied.

Signé à droite et daté 1875.

T. — H., 0^m,32. L., 0^m,20.

67 — Guide du premier Empire.

Signé à gauche et daté 1875.

B. — H., 0^m,24. L., 0^m,14.

PASTORIS DE TURIN (FRÉDÉRIC)

68 — Salle des Espagnols dans le château de la Monta en Piémont.

Signé à droite et daté 1876.

T. — H., 0^m,37. L., 0^m,49.

PENNES (O. DE)

69 — Un Relais de chiens.

Signé à droite.

T. — H. 0^m,56. L., 0^m,46.

PILS (Isidore)

70 — Deux Chasseurs à pied.

Signé à droite.

T. — H., 0m,41. L., 0m,43.

71 — Une Tête de Kabyle.

Signé à droite : Mohamed Haïd Amara, caïd Frah, Fort-Napoléon, 1862.

T. — H., 0m,26. L., 0m,36.

72 — Femmes kabyles préparant le kouskoussou.

Signé à droite.

T. — H., 0m,90. L., 0m,68.

73 — Trois Soldats d'infanterie de ligne.

Le groupe était destiné à être reproduit dans un grand tableau de la revue de l'armée d'Italie sur la place Vendôme, et le tableau n'a pas été fait.

T. — H., 0m,82. L., 0m,58.

74 — Une Tête de Turco.

Numéro 159 de la vente Pils.
Cachet de la vente.

T. — H., 0m,20. L., 0m,19.

PRATELLA DE CAPRI

75 — L'Arrivée à Capri.

Signé à droite.

T. — H., 0m,21. L., 0m,28.

RANVIER (Victor)

76 — Une Source.

Signé à gauche.

T. — H., 0^m,65. L., 0^m,44.

ROBERT-FLEURY

77 — Un Cardinal.

Signé à gauche et daté 1876.

B. — H., 0^m,50. L., 0^m,40.

REYNOLDS (Sir J.)

78 — Portrait d'un Pair d'Angleterre.

Vente Rothan.

T. — H., 0^m,31. L., 0^m,25.

TÉNIERS (David)

(Attribué à)

79 — Intérieur de cabaret.

Signé à droite.

T. — H., 0^m,28. L., 0^m,37.

WEBERT (Théodore)

80 — Une Jetée à Trouville-sur-Mer.

Signé à gauche.

T. — H., 0^m,50. L., 0^m,85.

ZIEM

81 — L'Entrée du Grand Canal à Venise.

Signé à droite.

T. — H., 0^m,28. L., 0^m,42.

DESSINS

BIDA

82 — La Sainte Cène.

Signé à gauche.

H., 0m,38. L., 0m,50.

83 — Julie.

Dessin original pour l'illustration des œuvres de Musset.

Signé à gauche.

H., 0m,23. L., 0m,16.

LAURENS (J.-P.)

84 — La Piscina Mirabile à Baja.

Dessin original pour la *Chanson des nouveaux époux.*

Signé à droite du monogramme J.-P. L.

H., 0m,30. L., 0m,22.

LELOIR (Louis)

85 — Le Repos.

Dessin à la plume.
Signé à gauche et daté 1874.

H., 0^{m},2[illegible]. L., 0^{m},25.

86 — Le Chalumeau.

Dessin à la plume.
Signé à gauche et daté 1874.

H., 0^{m},18. L., 0^{m},21.

FAUSTINI, de Rome

87 — La Justizia.

Esquisse d'une peinture décorative pour une église.

Pastel.

H., 0^{m},13. L., 0^{m},29.

FRANÇAIS (Louis)

88 — Le Ravin.

Signé à droite.

H., 0^{m},37. L., 0^{m},51.

89 — Le Ravin du Puits-Noir.

Signé à gauche.

H., 0^{m},39. L., 0^{m},28

MEISSONIER

90 — Étude pour le Panthéon.

Monogramme à gauche. N° 426 de la vente.

H., 0^m,30. L., 0^m,20.

91 — Le Baiser.

Monogramme à gauche. N° 453 de la vente.

H., 0^m,53. L., 0^m,36

92 — Jeanne d'Arc.

Monogramme à droite. N° 464 de la vente.

H. 0^m,17. L., 0^m,28.

AQUARELLES

ALT (RUDOLPH), DE VIENNE

93 — Ruines du palais de l'empereur Dioclétien à Spalato, en Dalmatie.

Signé à droite; daté à gauche : Spalato, 18 septembre 1840.

H., 0m,42. L., 0m,33.

BARON (HENRI)

94 — La Marchande d'oranges.

Signé en bas vers la droite.

H., 0m,27. L., 0m,20.

95 — Don Quichotte.

Signé à droite.

H., 0m,27. L., 0m,20.

BARON (Henri)

96 — La Musicienne.

Signé à droite.

H., 0^{m},27. L., 0^{m},20.

97 — La Première Dent.

Signé à droite.

H., 0^{m},23. L., 0^{m},21.

98 — Un Bal à la campagne.

Signé à droite.

H., 0^{m},22. L., 0^{m},17.

99 — Une Partie de plaisir.

Signé à droite, sur le bord du bateau.

H., 0^{m},25. L., 0^{m},36.

BEAUMONT (Charles-Édouard)

100 — La Dame au perroquet.

Signé à droite.

H., 0^{m},33. L., 0^{m},21.

101 — L'Amour et la Folie.

Aquarelle faite pour une illustration de La Fontaine.

Signé vers la gauche.

H., 0^{m},26. L., 0^{m},19.

102 — La Fortune et le Jeune Enfant.

Aquarelle faite pour une illustration de La Fontaine.

Signé à gauche.

H., 0^{m},26. L., 0^{m},19.

BÉRAUD (JEAN)

103 — Le Théâtre moderne.

Signé à gauche.

H., 0^m,30. L., 0^m,38.

BERCHÈRE

104 — Une Noce juive.

Signé à gauche.

H., 0^m,42. L., 0^m,24.

105 — Un Intérieur de cour au Caire.

Signé à droite, avec la mention : Caire.

H., 0^m,35. L., 0^m,26.

106 — Une Rive orientale.

Signé à droite.

H., 0^m,43. L., 0^m,23.

107 — Une Rue au Caire.

Signé à gauche.

H., 0^m,39. L., 0^m,26.

108 — Un Carrefour et une Rue au Caire.

Signé à gauche.

H., 0^m,36. L., 0^m,31.

BERESFORD (Mélanie)

109 — Paysan de la Valteline.

Signé à gauche et daté 1873.

H., $0^{m},55$. L., $0^{m},38$.

110 — Paysanne de la Valteline.

Signé à gauche et daté 1873.

H., $0^{m},55$. L., $0^{m},32$.

BERNE-BELLECOUR (E.)

111 — Un Tendre Hommage.

Signé à droite.

H., $0^{m},36$. L., $0^{m},35$.

112 — Un Monsieur qui a chaud.

Signé à gauche.

H., $0^{m},14$. L., $0^{m},21$.

113 — Japonaise peignant un vase.

Signé à droite et daté 1876.

H., $0^{m},36$. L., $^{m},25$.

BESNARD (Paul-François)

114 — Le Matin sur la promenade de la Croizette, à Cannes.

Signé à droite et daté 1889.

H., $0^{m},27$. L., $0^{m},33$.

BÉTHUNE (Georges)

115 — Les Roches Rouges de Menton.

Signé à droite et daté 1881. A gauche, cette mention : les Roches Rouges, Menton.

H., $0^m,35$. L., $0^m,56$.

116 — Un Jardin à Caravan, à Menton.

Signé à gauche et daté : Menton.

H., $0^m,37$. L., $0^m,54$.

117 — La Vallée de Bréda, près d'Allevard.

Signé à gauche et daté : Allevard, 1889.

H., $0^m,37$. L., $0^m,52$.

118 — Les Hauteurs autour d'Allevard.

H., $0^m,37$. L., $0^m,54$.

BIDA

119 — L'Assomption de la Vierge, d'après le Titien, à Venise.

Signé à gauche avec cette mention : D'après le Titien, juillet 74, Venise.

H., $0^m,44$. L., $0^m,30$.

120 — Le Baptême du Christ par saint Jean-Baptiste, d'après Véronèse.

Signé à gauche avec cette mention : D'après Véronèse, juillet 1874.

H., $0^m,47$. L., $0^m,23$.

BIDA

121 — Fragment d'un grand tableau de Carpaccio.

Signé en haut à gauche, avec cette mention : Da Vittor Carpaccio, Venezia, giugno 1874.

H., 0m,34. L., 0m,26.

122 — Fragment de la Sainte Cène d'A. del Sarte au couvent San-Salvi, près de Florence.

Signé à droite en bas et daté : Florence, 1874, avec cette mention : D'après André del Sarte, et en haut, à droite : San-Salvi, Firenze, maggio 1874.

H., 0m,32. L., 0m,38.

123 — La Charité, fresque en grisaille d'André del Sarte, au couvent dei Scalri, à Florence.

Signé à gauche, au crayon, avec la mention : D'après A. del Sarte.

H., 0m,42. L., 0m,23.

124 — Le Bûcheron et Mercure.

Aquarelle faite pour une illustration de La Fontaine.

Signé à gauche.

H., 0m,25. L., 0m,20.

125 — L'Anneau du Doge de Paris Bordone, à l'Académie des Beaux-Arts, à Venise.

Signé en haut à gauche et daté : Venise, 27 mai 1877.

H., 0m,30. L., 0m,25.

BIDA

126 — Fragment d'un Titien de l'église des Frari, à Venise.

Signé en haut, à gauche, avec la mention : De Venise.

H., 0m,21. L., 0m,24.

127 — Copie de la fresque de Masaccio aux Carmine, à Florence.

H., 0m,20. L., 0m,27.

128 — Copie d'un Ange de Filippino Lippi au palais Corsini, à Florence.

Au crayon la mention : Filippino Lippi, Firenze, maggio 74, Palazzo Corsini.

H., 0m,27. L., 0m,18.

129 — Copie d'un Ange du même, faisant pendant au précédent.

H., 0m,27. L., 0m,18.

130 — Déposition du Christ.

Signé à gauche.

H., 0m,24. L., 0m,38.

131 — Maisons à Pise.

Signé à gauche et daté : Pise, février 76.

H., 0m,14. L., 0m,29.

132 — Jeanne d'Arc devant le Conseil de l'évêque de Poitiers.

Signé à gauche et daté : Bühl, 1888.

H., 0m,68. L., 0m,50.

BIDA

133 — Madone et Enfant, d'après Jean Bellin, dans l'église des Frari, à Venise.

Signé à droite : D'après Jean Bellin.

H., 0m,37. L., 0m,26.

134 — Henri IV auquel on présente le portrait de Marie de Médicis, d'après Rubens, au Louvre.

H., 0m,28. L., 0m,21.

135 — La Madone, l'Enfant, saint Jean et saint François, d'après André del Sarte, à la Tribune, à Florence.

Signé à gauche avec la mention : D'après André del Sarte.

H., 0m,34. L., 0m,29.

BRISSOT (F.)

136 — Le Pâturage.

Signé à droite.

H., 0m,25. L., 0m,39.

BROWN (John-Lewis)

137 — Une Arrestation sous la Révolution.

Signé à gauche et daté 1872.

H., 0m,18. L., 0m,26.

BROWN (John-Lewis)

138 — Un État-major en campagne.

Signé à droite.

H., 0^{m},38. L., 0^{m},41.

139 — Scène militaire.

Signé à droite.

H., 0^{m},45. L., 0^{m},27.

140 — La Rentrée au château.

Signé à droite.

H., 0^{m},38. L., 0^{m},43.

141 — Cavaliers en chasse.

Signé à droite.

H., 0^{m},28. L., 0^{m},22.

CAZIN

142 — La Tortue et les Deux Canards.

Aquarelle faite pour une illustration de La Fontaine.

Signé à gauche.

H., 0^{m},30. L., ^{m},22.

CHAPLIN (Charles)

143 — L'Endormie.

Signé à gauche.

H., 0^{m},13 L., 0^{m},25

144 — La Songeuse.

Signé à gauche.

H., 0^{m}31. L , 0^{m},24.

CHAPLIN (Charles)

145 — Avant le bal.

Signé à gauche.

H., 0m,31. L., 0m,24

146 — L'Espiègle.

Signé à droite.

H., 0m,38. L., 0m,26.

CLAIRIN (Georges)

147 — Un Lavoir à Alicante.

Signé à droite et daté 1876.

H., 0m,41. L., 0m,60.

148 — Brigands espagnols en vedette.

Signé à droite.

H., 0m,38. L., 0m,26

CLAYS (L.-J.)

149 — Marine.

Signé à droite.

H., 0m,31. L., 0m,50.

CLERMONT (Auguste de)

150 — Chemin creux dans la vallée de la Seine entre Thomery et Fontainebleau, après l'orage.

Signé à droite.

H., 0m,20. L., 0m,25.

DARTEIN (F. DE)

151 — Un Champ de blé à Verrières-le-Buisson.

Signé à droite, à gauche la mention : Verrières, juillet 1880.

H., 0m,35. L., 0m,27.

DESCHAMPS (LOUIS)

152 — Une Marchande de raisins.

Signé à gauche et daté 1890.

H., 0m,27. L., 0m,21.

DESPRÉS D'AUXERRE (LOUIS-JEAN)

153 — Grande Fête donnée à la Villa d'Este, à Tivoli.

Signé à droite : Després invenit et fecit. Rome, 1776.

H., 0m,48. L., 0m,68.

DELACROIX (EUGÈNE)

154 — Les Convulsionnaires de Tanger.

Signé à gauche.

H., 0m,19. L., 0m,23.

155 — Une Halte de cavaliers marocains.

Signé à gauche.

H., 0m,16. L., 0m,26.

DIAZ

156 — Paysage.

Signé à droite du monogramme : ND.

H., 0^m,14. L., 0^m,20.

DORÉ (Gustave)

157 — Une Vue du Breithorn, à Zermatt.

Signé à droite et daté : Zermatt, 1880.

H., 0^m,25. L., 0^m,17.

DUBUFE (Guillaume)

158 — Le Bain.

Signé à gauche et daté 1892.

H., 0^m,63. L., 0^m,27.

159 — La Naissance de la Vierge.

Signé à droite et daté 1890. A gauche, un double D enlacé.

H., 0^m,55. L., 0^m,38.

160 — La Toilette de la Vierge.

Signé à droite et daté 1891; à gauche, deux D enlacés.

H., 0^m,55. L., 0^m,38.

DUPRAY (H.)

161 — Officier de hussards à cheval.

Signé à gauche.

H., 0^m,28. L., 0^m,22.

DUPRAY (H.)

162 — Officier de hussards à pied.

Signé à gauche.

H., 0m,37. L., 0m,26.

EDELFELD (A.)

163 — Enfants pêchant à la ligne.

Signé en bas et daté 1887.

H., 0m,54. L., 0m,36.

FRANÇAIS (Louis)

164 — Jésus disant adieu aux saintes femmes.

D'après un Véronèse du Palais Pitti, à Florence.

Signé à gauche et daté 1869, avec cette mention : « D'après Véronèse ».

H., 0m,44. L., 0m,29.

165 — Le Triomphe de Mardochée.

D'après un plafond de Véronèse, à Venise. Forme ovale.

Signé à gauche et daté : « Venise, 1869 ».

H., 0m,37. L., 0m,26.

166 — La Villa Borghèse, à Rome.

Signé à droite.

H., 0m,24. L., 0m,16.

FRANÇAIS (Louis)

167 — Environs de Montoire.

Signé à droite.

H., 0m,22. L., 0m,31.

168 — Les Fouilles de Pompéi.

Signé à droite.

H., 0m,32. L., 0m,45.

169 — Les Gorges du Fier, à Lovagny, près d'Annecy.

Signé à gauche.

H., 0m,48. L., 0m,31.

170 — Paysage italien.

Signé à gauche.

H., 0m,36. L., 0m,44.

171 — La Ville de Gênes.

Signé à gauche.

H., 0m,26. L., 0m,33.

172 — Ruines des Palais des Césars, au Palatin, à Rome.

Importante et très belle aquarelle.
Signé à droite et daté : « Rome, 1873 ».

H., 0m,37. L., 0m,58.

173 — Palmiers dans la villa Frémy, à Nice.

Signé à droite et daté à gauche : « Nice, 1873 ».

H., 0m,40. L., 0m,31.

FRANÇAIS (Louis)

174 — Villa Torlonia, à Frascati, près de Rome.

Forme ronde.
Signé à gauche et daté 1848, avec la mention : « Frascati ».

H., 0^m,39. L., 0^m,39.

175 — Le Temple de la Sibylle, à Tivoli.

Forme ovale.
Signé et daté à gauche.

H., 0^m,34. L., 0^m,28.

176 — Les Marais Pontins.

Signé à droite et daté 1847.

H., 0^m,27. L., 0^m,41.

177 — Entrée fortifiée de Népi.

Signé à gauche, avec la mention : *Fu népi*, 1847.

H., 0^m,42. L., 0^m,27.

178 — La Villa Borghèse pendant le siège de Rome par les Français, en 1849.

Signé à droite et daté 1849.

H., 0^m,24. L., 0^m,39.

179 — La Grotte des Sirènes, à Tivoli.

A droite, la mention : Grotte des Sirènes. Mai 1849.

H., 0^m,28. L., 0^m,20.

FRANÇAIS (Louis)

180 — Genzano.

Signé à gauche et daté à droite : Genzano, 1847.

H., 0m,26. L., 0m,40.

181 — Vue de la ville de Némi et d'une partie du lac.

Signé à droite avec la mention : Genzano, 1849.

H., 0m,26. L., 0m,41.

182 — Vue prise de la villa Frémy.

Signé à gauche et daté à droite : Nice, mai 72.

H., 0m,34. L., 0m,42.

183 — La Campagne de Rome, prise du Ponte-Molle.

Signé à gauche et daté 1865.

H., 0m,27. L., 0m,32.

184 — Le Ruisseau du Puits-Noir, dans la vallée de la Loue.

Signé à droite et daté 75.

H., 0m,22. L., 0m,30.

185 — Le Torrent de la Dahla, à Louëche-les-Bains.

H., 0m,30. L., 0m,46.

FRANÇAIS (Louis)

186 — Le Commencement du printemps, aux Vaux-de-Cernay.

Signé à gauche et daté 79.

H., 0m,44. L., 0m,29

187 — Soleil couchant, à Montoire-sur-Loir.

Signé à gauche et daté 79.

H., 0m,40. L., 0m,30

188 — Un Lavoir, à Douarnenez.

Signé à droite et daté 79.

H., 0m,36. L., 0m,35.

189 — Vue de Florence, prise de San-Miniato.

Signé en bas et daté : 1869, San-Miniato.

H., 0m,29. L., 0m,45.

190 — La Ville de Villefranche-sur-Mer, près de Nice.

Signé à droite et daté 1872. A gauche la mention « Villefranche ».

H., 0m,22. L., 0m,30.

191 — Environs de Villefranche.

Signé à gauche et daté 1870, et, à droite, le nom presque illisible de « Villefranche ».

H., 0m,23. L., 0m,29.

192 — Vue d'Antibes.

Signé à gauche et daté. A droite « Antibes. 70 ».

H., 0m,22. L., 0m,29.

FRANÇAIS (Louis)

193 — Une villa près de Monaco.

Signé à gauche.

H., 0^m,49. L., 0^m,28.

194 — La Forêt et le Bûcheron.

Aquarelle faite pour une illustration de La Fontaine.

Signé à gauche.

H., 0^m,27. L., 0^m,21.

195 — Le Ruisseau du Parc, à Plombières.

H., 0^m,44. L., 0^m,34.

196 — Laveuses dans le Parc de Pierrefonds.

Signé à droite et daté 1881.

H., 0^m,38. L., 0^m,47.

197 — Le Parterre de la villa Gentil à Beaulieu.

Signé à droite et daté 1882.

H., 0^m,37. L., 0^m,31.

198 — Le Ruisseau du moulin Facqueret, à Plombières.

Remarquable aquarelle.

Signé et daté 1880.

H., 0^m,26. L., 0^m,29

199 — Une vue de Clisson.

Signé à droite et daté 85.

H., 0^m,50. L., 0^m,37.

FRANÇAIS (Louis)

200 — La Villa Rosalie, à Cannes.

Signé à gauche, et, à droite, la mention : « Villa Rosalie, 1890 ».

H., 0m,38. L., 0m,53.

201 — L'Église et le Village de Bellefontaine, près Plombières.

Signé à gauche, daté à droite 1891.

H., 0m,36. L., 0m,40.

202 — Descente de Croix, d'après un Véronèse de la galerie Doria, à Rome.

Signé à droite et daté 1873, Roma, avec cette mention : « D'après Véronèse ».

H., 0m,38 L., 0m,49.

203 — Madeleine aux pieds du Christ, d'après un Véronèse du musée de Grenoble.

H., 0m,20. L., 0m,42.

204 — Jardin de la villa Frémy et Maison du Jardinier.

Signé à droite, et daté : « Nice, 1872 ».

H., 0m,31. L., 0m,42.

205 — Une Prairie en fleur, à Louëche-les-Bains.

Signé à gauche et daté 1868.

H., 0m,26. L., 0m,43.

FRANÇAIS (Louis)

206 — La Baie de Saint-Jean entre Beaulieu et M naco.

Signé à gauche et daté : St-Jean, 1882.

H., 0^m,38. L., 0^m,53.

207 — Le Promenoir de la Villa Frémy, à Nice.

Signé à gauche et daté à droite : Nice, 3 juillet 1881.

H., 0^m,38. L., 0^m,53.

FAUSTINI, de Rome

208 — Prêtresse carthaginoise sortant du temple.

Signé à droite avec la mention : « Roma ».

H., 0^m,49. L., 0^m,34.

209 — Il Lavoro.

H., 0^m,41. L., 0^m,30.

GAGNÉ (Alphonse)

210 — Le Petit Bras de la Seine et le Quai des Orfèvres.

Signé à gauche et daté : 10 octobre 1880.

H., 0^m,32. L., 0^m,24.

GASSIES (Georges)

211 — La Moisson.

Signé à gauche.

H., 0^m,24. L., 0^m,35.

GAVARNI

212 — Un Grave Entretien.

Signé à droite.

H., 0m,21. L., 0m,15.

213 — Irlandaise en carnaval.

Signé à droite et, dans le bas, la mention : « Une Irlandaise en carnaval ».

H., 0m,31. L., 0m,20.

GILBERT (Victor)

214 — Le Marché aux fleurs de la Madeleine.

Signé à gauche.

H., 0m,39. L., 0m,55.

HARPIGNIES (H.)

215 — Effet du matin, à Hérisson (Allier).

Signé à gauche et daté 1876. A droite : « Hérisson ».

H., 0m,24. L., 0m,31.

216 — Effet du soir, à Hérisson (Allier).

Signé à gauche et daté 76.

H., 0m,24. L., 0m,33.

217 — L'Hiver de 1880, à Paris.

Signé à gauche.

H., 0m,24. L., 0m,16.

HARPIGNIES (H.)

218 — Paysage.

Signé à gauche et daté 1879.

H., 0m,20. L., 0m,24

219 — Paysage.

Signé à gauche et daté 1880. A droite : « Maison Haute. Juillet 880 ».

H., 0m,32. L., 0m,24.

220 — Rive de Seine.

Signé à gauche et daté 77. A droite : « Paris ».

H., 0m,16. L., 0m,24.

221 — Un Quai de Paris.

Signé à gauche et daté 1883. A droite : « Paris ».

H., 0m,24. L., 0m,27.

222 — Le Pavillon de Flore et le Quai d'Orsay.

Signé à gauche et daté 1881. A droite : « Paris ».

H., 0m,18. L., 0m,27.

223 — Le Quai du Louvre.

Signé à droite et daté 1881.

H., 0m,23. L., 0m,29.

224 — Rive de Seine.

Signé à gauche et daté 80. A droite : « Paris ».

H., 0m,18. L., 0m,29.

HARPIGNIES (H.)

225 — La Seine et le Trocadéro.

Signé à gauche et daté 1881.

H., 0^m,17. L., 0^m,27.

226 — Le Quai d'Auteuil.

Signé à gauche et daté 1881.

H., 0^m,18. L., 0^m,27.

227 — Le Jardin et le Palais du Luxembourg.

Signé à gauche et daté 1882. A droite : « Paris ».

H., 0^m,28. L., 0^m,37.

HÉBERT (Ernest)

228 — Jeunes Italiennes tressant des paniers.

Signé à gauche et daté 14 7bre 1871, Vico Sant' Agata Gaëta.

H., 0^m,35. L., 0^m,26.

229 — Une Porteuse d'eau de Cervara.

Signé à droite, avec la mention : Cantalupo, 2 8bre 1872.

H., 0^m,29. L., 0^m,24.

HEILBUTH (Ferdinand)

230 — Un Cardinal sortant de l'église de Saint-Jean-de-Latran, à Rome.

Signé à droite.

H., 0^m,28. L., 0^m,43.

HEILBUTH (Ferdinand)

231 — Les Thermes de Caracalla à Rome.

Signé à gauche et daté 80.

H., 0m,42. L., 0m,88.

ISABEY (Eugène)

232 — L'Alchimiste.

Signé à droite et daté 74.

H., 0m,24. L., 0m,35.

233 — Un Combat au clair de lune.

Signé à droite et daté 69.

H., 0m,34. L., 0m,25.

234 — Dames et Seigneurs montant un escalier.

Signé à droite et daté 67.

H., 0m,29. L., 0m,17.

235 — La Visite.

Signé à droite et daté 67.

H., 0m,21. L., 0m,33.

236 — Intérieur d'église.

Signé à droite et daté 76.

H., 0m,39. L., 0m,29.

237 — Les Prisonniers.

Signé à droite et daté 78.

H., 0m,20. L., 0m,25.

ISABEY (Eugène)

238 — Marine.

Signé à gauche et daté 1872.

H., 0m,17. L., 0m,25.

JACQUE (Charles)

239 — Le Troupeau de moutons.

Signé à gauche.

H., 0m,22. L., 0m,35.

JACQUEMARD (Jules)

240 — Le Pont Carrei à Menton.

Signé à gauche et daté novembre 77.

H., 0m,29. L., 0m,45.

241 — Les Pins du cap Martin à Menton.

Signé à gauche et daté 78.

H., 0m,26. L., 0m,44.

242 — Le Vieux cimetière à Menton.

Signé à gauche et daté, Menton, 77.

H., 0m,25. L., 0m,35.

243 — Une Mer houleuse.

Signé à gauche et daté décembre 79, Menton.

H., 0m,29. L., 0m,44.

JACQUEMARD (Jules)

244 — **Étude dans les gorges à Menton.**

Signé à gauche et daté 1880.

H., 0^m,29. L., 0^m,23.

245 — **Les Deux Rats, le Renard et l'Œuf.**

Aquarelle faite pour une illustration de La Fontaine.

Signé à gauche et daté 79.

H., 0^m,26. L., 0^m,20.

246 — **La Tète et la Queue du serpent.**

Aquarelle faite pour une illustration de La Fontaine.

Signé à droite et daté 79.

H., 0^m,27. L., 0^m,20.

JACQUET (G.)

247 — **Le Repos.**

Signé à droite et daté 1880.

H., 0^m,30. L., 0^m,23.

248 — **Le Hallebardier.**

Signé à droite.

H., 0^m,46. L., 0^m,23.

249 — **Le Petit déjeuner.**

Signé à gauche.

H., 0^m,34. L., 0^m,24.

JACQUET (G.)

250 — La Joueuse de mandoline.

Signé à droite.

H., 0^m,31. L., 0^m,23.

JAPY (Louis)

251 — Le Loing à Malesherbes, Loiret.

Signé et daté 1880.

H., 0^m,34. L., 0^m,27.

JOURDAIN (Roger)

252 — Groupe d'arbres à Saint-Cassien, près de Cannes.

Signé à gauche.

H., 0^m,25. L., 0^m,50.

LAMBERT (Eugène)

253 — Amusements de jeunes Chats.

Signé à gauche.

H., 0^m,38. L., 0^m,31.

LAMI (Eugène)

254 — La Mort de Polonius.

Signé à gauche, avec la mention, Divonne.

H., 0^m,13. L., 0^m,21.

255 — La Mort de Roméo et de Juliette.

Signé à gauche : E. L.

H., 0^m,15. L., 0^m,21.

LAMI (Eugène)

256 — La Reine Marie Stuart et le Prédicateur Knox.

Signé à gauche et daté 74.

H., 0m,30. L., 0m,46.

257 — L'Enlèvement de Rebecca.

Signé à droite : E. L. et daté 1873.

H., 0m,21. L., 0m,24.

258 — Petite esquisse de l'Enlèvement de Rebecca.

Aquarelle faite à Divonne.

H., 0m,07. L., 0m,10.

259 — La Bénédiction des poignards.

Signé à droite 1883.

H., 0m,29. L., 0m,46.

260 — Un Jeune prince de Savoie sortant de l'église.

Signé à gauche et daté 1878.

H., 0m,23. L., 0m,19.

261 — Équipage anglais.

Signé à droite : E. L. et daté 72.

H., 0m,15. L., 0m,21.

LAMI (Eugène)

262 — La Mort de Cléopâtre.

Signé à gauche et daté 1881.

H., 0m,29. L., 0m,45.

263 — Femme couchée, d'après Reynolds.

Signé à gauche : E. L., avec la mention : D'après Reynolds.

H., 0m,15. L., 0m,13.

264 — Le Contrat de mariage.

Signé à droite et daté 1832.

H., 0m,24. L., 0m,44.

265 — Les Peintres à Versailles.

Signé à gauche et daté 1836.

H., 0m,24. L., 0m,34.

266 — Henri IV et l'abbesse de Vanves.

Signé à gauche : E. L. 73.

H., 0m,24. L., 0m,19.

267 — Les Contrastes.

Signé à gauche : E. L.; daté à droite 1839.

H., 0m,13. L., 0m,38.

268 — State Horses du prince Demidoff.

Signé à gauche : EL et daté 1836.

H., 0m,15. L., 0m,27.

LAMI (Eugène)

269 — Impressions musicales.

Signé à gauche : Andante de la symphonie en *la*, E. L. 1840.

H., 0^m,22. L., 0^m,28.

270 — Le Tournoi.

Aquarelle inachevée, faite à Divonne.
Signé des initiales à gauche.

H., 0^m,20. L., 0^m,20.

271 — La Restauration et l'Empire.

Signé à gauche.

H., 0^m,25. L., 0^m,31.

272 — Mousquetaire debout près de son cheval.

Signé à gauche, en rouge, et daté 1883.

H., 0^m,22. L., 0^m,18.

273 — Faust et Marguerite.

Signé à gauche et daté 1885.

H., 0^m,15. L., 0^m,24.

274 — Le Retour.

Signé : EL à droite.

H., 0^m,15. L., 0^m,09.

275 — Un Contrat de mariage princier.

Signé à gauche et daté 1877.

H., 0^m,55. L., 0^m,42.

LE BLANT (J.)

276 — Un Chouan.

Signé à droite.

H., 0m,46. L., 0m,28.

277 — Un Chouan.

Signé à droite.

H., 0m,35. L., 0m,26.

LELOIR (Louis)

278 — L'Almée.

Signé à gauche et daté 1874.

H., 0m,35. L., 0m,52.

279 — La Muse des ruines.

Signé à droite et daté 1874.

H., 0m,36. L., 0m,26.

280 — Une Joueuse de flûte.

Signé à droite et daté 1875.

H., 0m,41. L., 0m,34

281 — La Délaissée.

Signé à droite et daté 1875.

H., 0m,23. L., 0m,33.

LEMAIRE (Madeleine)

282 — L'Étude.

Signé à droite.

H., 0^m,53. L., 0^m,33.

283 — Iris bleus et roses.

Signé à droite.

H., 0^m,49. L., 0^m,33.

284 — La Rêverie.

Signé à droite.

H., 0^m,38. L., 0^m,28.

285 — Giroflées et Pensées.

Signé à droite.

H., 0^m,37. L., 0^m,54.

286 — Le Rouet.

Signé à gauche.

H., 0^m,53. L., 0^m,38.

287 — Un Bouquet de giroflées sur un livre bleu.

Signé à gauche.

H., 0^m,26. L., 0^m,38.

288 — Une Corbeille de giroflées.

Signé à droite.

H., 0^m,27. L., 0^m,35.

289 — Un Panier de violettes.

Signé à droite.

H., 0^m,48. L., 0^m,34.

LEMAIRE (Madeleine)

290 — Prunes Reine-Claude, Cerises et Pêches.

Signé à droite.

H., 0^m,27. L., 0^m,37.

291 — Bouquet de roses avec leurs tiges.

Signé à droite.

H., 0^m,32. L., 0^m,26.

292 — Fruits des bois et Feuillage d'automne.

Signé à droite.

H., 0^m,34. L., 0^m,52.

293 — La Lecture.

Signé à droite.

H., 0^m,37. L., 0^m,49.

294 — Fraises et Groseilles.

Signé à droite.

H., 0^m,47. L., 0^m,64.

295 — Œillets.

Signé à droite.

H., 0^m,31. L., 0^m,50.

LESSI (F.)

296 — Un Moine.

Signé à droite et daté 1880.

H., 0^m,30. L., 0^m,20.

LESSI (F.)

297 — Un Espagnol.

Signé à gauche.

H., 0m,31. L., 0m,19.

298 — Ouvrier et Ouvrière florentins.

Signé à droite.

H., 0m,21. L., 0m,20.

299 — Un Amateur.

Signé à droite.

H., 0m,28. L., 0m,16.

LUMINAIS

300 — L'Agression.

Signé à droite.

H., 0m,28. L., 0m,44.

301 — Cavaliers gaulois poursuivis.

Signé à gauche.

H., 0m,26. L., 0m,31.

302 — Gaulois capturant un taureau.

Signé à droite.

H., 0m,39. L., 0m,31.

MAIGNAN (ALBERT)

303 — L'Homme qui court après la fortune et l'Homme qui l'attend dans son lit.

Aquarelle faite pour une illustration de La Fontaine.

Signé à gauche et daté avril 1881.

H., 0m,28. L., 0m,21.

MEISSONIER (E.)

304 — Au coin du foyer.

Signé à gauche, n° 898 de la vente.

H., 0^m,20. L., 0^m,20.

305 — Croquis de la Ville de Nuremberg.

Monogramme à droite et la mention « Nuremberg », n° 408 de la vente.

H., 0^m,17. L., 0^m,22.

306 — En sortant du Prêche.

Monogramme à gauche et la mention « Lyon, 1835 », n° 396 de la vente.

H., 0^m,12. L., 0^m,09.

307 — Le Camp de Riovégo, campagne d'Italie de 1859.

Monogramme à droite, n° 404 de la vente.

H., 0^m,12. L., 0^m,24.

MERCIER (Mlle Ruth)

308 — Le Jardin public à Venise.

Signé à gauche.

H., 0^m,29. L., 0^m,55.

MEULEN (TER)

309 — Clairière sous bois.

Signé à droite.

H., 0m,35. L., 0m,44.

310 — La Charrette.

Signé à droite.

H., 0m,45. L., 0m,35.

MOREAU (GUSTAVE)

311 — La Naissance d'Aphrodite.

Signé à gauche : M. G., Aphrodite, Gustave Moreau.

H., 0m,21. L., 0m,11.

NANTEUIL (CÉLESTIN)

312 — Le Baptême de don Quichotte.

Signé à droite et daté 1872.

H., 0m,44. L., 0m,48.

NOEL (JULES)

313 — L'Orage.

Signé à gauche et daté 1869.

H., 0m,29. L., 0m,48.

PENNES (O. DE)

314 — Un Piqueur et un Relais de chiens en vedette par un temps de neige.

Signé à droite.

H., 0m,30. L., 0m,47.

315 — Réunion de chasseurs dans la forêt de Fontainebleau.

Signé à droite.

H., 0m,30. L., 0m,48.

316 — Setters.

Signé à gauche.

H., 0m,28. L., 0m,44.

317 — Relais de quatre chiens noirs et blancs.

Signé à gauche.

H., 0m,29. L., 0m,43.

PILS (ISIDORE)

318 — Ruines du château de Saint-Cloud (1871).

Signé à droite et daté : « Saint-Cloud, 1871 ».

H., 0m,37. L., 0m,28.

319 — La Lessive sur la place Pigalle (mars 1871).

Signé à gauche, avec cette mention : « Place Pigalle, mars 1871 ».

H., 0m,36. L., 0m,50.

PILS (Isidore)

320 — **Boulevard de Clichy, élections pour l'Assemblée nationale de Bordeaux.**

Signé à droite et daté : « 8 février 1871 ».

H., 0m,25. L., 0m,36.

321 — **Bastion 65 à Auteuil, cimetière provisoire.**

Signé à gauche, avec cette mention : « 15 février 1871. Bastion 65 ».

H., 0m,24. L., 0m,36.

322 — **Équipage d'artillerie dans les Tuileries (juillet 1871).**

Signé à droite et daté : « Tuileries, 3 juillet 1871 ».

H., 0m,33. L., 0m,50.

323 — **La Place Vendôme (29 mai 1871).**

Signé à gauche et daté : « 29 mai 1871 ».

H., 0m,25. L., 0m,36.

324 — **Chemin de ronde au Point-du-Jour.**

Signé à gauche et daté : « Point-du-Jour, 14 février 1871 ».

H., 0m,25. L., 0m,37.

325 — **Cantine d'artilleurs dans le jardin des Tuileries.**

Signé à droite et daté : 30 juin 1871.

H., 0m,40. L., 0m,32.

PILS (Isidore)

326 — Pièce de siège en batterie sur le bastion 63.

Signé à droite et daté à gauche : 13 janvier 1871, bastion 63.

H., 0m,26. L., 0m,35.

327 — Mobiles bretons sous le viaduc d'Auteuil.

Signé à gauche et daté : Auteuil, 1870.

H., 0m,25. L., 0m,37.

328 — Poudrière du bastion 63 à Auteuil.

Signé à gauche et daté : 11 janvier 1871.

H., 0m,25. L., 0m,35.

329 — Chemin de ronde au Point-du-Jour.

Signé à gauche et daté : « 16 février 1871, Point-du-Jour. »

H., 0m,30. L., 0m,46.

330 — Gardes mobiles des Côtes-du-Nord au viaduc d'Auteuil.

Signé à droite et daté 9bre 1870, et à gauche, Auteuil.

H., 0m,27. L., 0m,38.

331 — Aspect du boulevard de Clichy (février 1870).

Signé à gauche avec la mention : « 22 février 1871, bard de Clichy, 37e de ligne ».

H., 0m,25. L., 0m,37.

PILS (Isidore)

332 — Bastion 63 à Auteuil avec effet de soleil couchant.

A gauche la mention : « Bastion 63, 11 janvier 1871 ».

H., 0m,32. L., 0m,48.

333 — Gardes mobiles bretons sous le viaduc d'Auteuil (1870).

Signé à droite et daté : Auteuil, 1870.

H., 0m,25. L., 0m,41.

334 — La Porte Maillot (juin 1871).

Signé à gauche et daté : 6 juin 1871, Porte Maillot.

H., 0m,31. L., 0m,49.

335 — Les Buttes Chaumont.

Signé à droite et daté : Buttes Chaumont, 31 mai 1871.

H., 0m,31. L., 0m,47.

336 — Campement d'artilleurs sur la place de la Bourse (juin 1871).

A gauche la mention : 4 juin 1871, place de la Bourse.

H., 0m,26. L., 0m,35.

PILS (Isidore)

337 — Pavillon de l'Horloge aux Tuileries (juillet 1871).

Signé à droite et daté 1871 avec cette mention : les Tuileries, 7 juillet.

338 — La Colonne Vendôme renversée.

Signé à gauche et daté : 29 mai 1871.

H., 0^m,31. L., 0^m,50.

339 — Artilleur poussant à une roue.

Cachet de la vente à droite.

H., 0^m,27. L., 0^m,20.

340 — Muletier monté sur son mulet, aux Eaux-Bonnes.

Signé à gauche et daté 12 septembre 1873, avec la mention : « Eaux-Bonnes ».

H., 0^m,35. L., 0^m,50.

341 — Muletier aux Eaux-Bonnes.

Signé à gauche et daté : « Eaux-Bonnes, 9 septembre 1873 ».

H., 0^m,35. L., 0^m,49.

342 — Vue des coteaux de Jurançon, à Pau.

Signé à gauche et daté : « Pau, 5 octobre 1873 ».

H., 0^m,34. L., 0^m,49.

PILS (Isidore)

343 — Esquisse d'un projet de tableau de défilé de l'armée d'Italie devant l'Empereur sur la place Vendôme.

Signé à gauche.

H., 0m,32. L., 0m,43.

344 — L'Anon des Pyrénées.

Signé à droite, avec cette mention à gauche : L'Azon, Eaux-Bonnes, 7 septembre 1871.

H., 0m,25. L., 0m,37.

RAFFET

345 — Groupe d'Espagnols.

Signé à gauche et daté : Janvier 1848.

H., 0m,27. L., 0m,19.

RAGGIO (G.), de Rome

346 — Cavaliers et chevaux à l'abreuvoir.

Signé à gauche et daté : « Roma, 1873 ».

H., 0m,33. L., 0m,61.

347 — Buffles de la campagne de Rome.

Signé à gauche et daté : « Roma, 1873 ».

H., 0m,36. L., 0m,63.

RANVIER (Victor)

348 — Les Vertus partant pour l'exil.

Signé à gauche.

H., 0^{m},28. L., 0^{m},50.

349 — L'Aurore et la Nuit.

Signé à droite.

H., 0^{m},64. L., 0^{m},42.

350 — Prométhée.

Signé à droite.

H., 0^{m},60. L., 0^{m},90.

351 — La Chute des feuilles.

Signé à gauche.

H., 0^{m},47. L., 0^{m},22.

RICO

352 — Paysage avec rivière.

Signé à droite.

H., 0^{m},22. L., 0^{m},43.

RIVOIRE

353 — Fleurs des champs.

Signé à gauche.

H., 0^{m},55. L., 0^{m},37.

ROUSSEAU (Philippe)

354 — Le Singe et le Chat.

Aquarelle faite pour une illustration de La Fontaine.

Signé à gauche.

H., 0^m,24. L., 0^m,19.

ROUSSEAU (Théodore)

355 — Paysage.

Signé à droite : T. H. R.

H., 0^m,21. L., 0^m,32.

SIMON (Ernest)

356 — Un Cimetière marocain et son gardien.

Signé à droite et daté : Tanger, novembre 1893.

H., 0^m,34. L., 0^m,34.

SIMONI, de Rome

357 — Un Arabe endormi.

Signé à droite et daté : R. 75.

H., 0^m,38. L., 0^m,27.

TALMAGE-WHITE (G.)

358 — Le Monastère de Davalou, près de Brousse.

Signé à droite et daté 1877.

H., 0^m,30. L., 0^m,53.

TALMAGE-WHITE (G.)

359 — Les Rochers de Capri, dits les Faraglione.

Signé à gauche et daté : Capri, 1873.

H., 0m,24. L., 0m,42.

360 — San-Rossore et ses Grands Pins, près de Pise.

Signé à droite et daté : Gombo, 1873.

H., 0m,25. L., 0m,57.

361 — Les Rochers de Positano (golfe de Naples).

Signé à droite et daté 1878.

H., 0m,42. L., 0m,36.

362 — La Côte de Priano dans le golfe de Naples.

Signé à droite et daté : Priano, 1877.

H., 0m,27. L., 0m,40.

363 — Agordo, près de Belluno, dans le Tyrol italien.

Signé à droite et daté : Agordo, 1874.

H., 0m,46. L., 0m,38.

364 — Les Vieux Caroubiers de Pino, à Ana-Capri.

Signé à gauche.

H., 0m,37. L., 0m,64.

TAPIRO (José), de Rome

365 — Un Gentilhomme écrivant.

Signé à droite, avec la mention : « Roma ».

H., $0^m,43$. L., $0^m,29$.

366 — La Lecture interrompue.

Signé à gauche, en rouge.

H., $0^m,42$. L., $0^m,29$.

TOFANO (E.), de Naples

367 — Jeune Femme plaçant des fleurs dans une jardinière.

Signé à gauche et daté 75, avec la mention : « Napoli ».

H., $0^m,48$. L., $0^m,28$.

VANUTELLI (Scipione), de Rome

368 — Les Communiantes.

Signé à gauche.

H., $0^m,36$. L., $0^m,26$.

VEYRASSAT (J.)

369 — Une Voiture à foin attelée.

Signé à gauche.

H., $0^m,24$. L., $0^m,38$

VEYRASSAT (J.)

370 — La Fourragère.

Signé à gauche.

H., 0m,53. L., 0m,45.

371 — Deux Chevaux conduits à la rivière.

Signé à gauche.

H., 0m,18. L., 0m,28

372 — Charrettes chargées de moellons.

Signé à gauche.

H., 0m,18. L., 0m,29.

VIBERT (Jehan-Georges)

373 — Espagnol allumant sa cigarette.

Signé à droite.

H., 0m,37. L., 0m,25

374 — Un Cardinal à sa toilette.

Signé à droite.

H., 0m,42. L., 0m,25.

WORMS (J.)

375 — Un Artilleur de Bilbao pendant la dernière guerre carliste.

Signé à droite.

H., 0m,37. L., 0m,26.

376 — Dragons de la garde royale de Charles X.

Signé à gauche.

H., 0m,56. L., 0m,36.

WORMS (J.)

377 — **Deux Amoureux à une fenêtre.**

Signé à droite.

H., 0m,34. L., 0m,27.

378 — **Une Place publique en Espagne.**

Signé à droite.

H., 0m,36. L., 0m,52.

379 — **Les Voleurs et l'Ane.**

Aquarelle faite pour une illustration de La Fontaine.

Signé à droite.

H., 0m,27. L., 0m,26.

380 — **Espagnol debout près de son âne.**

Signé à gauche.

H., 0m,36. L., 0m,27.

YON (Edmond)

381 — **Grèves de Villerville.**

Signé à droite, avec la mention : « Grèves de Villerville. »

H., 0m,35. L., 0m,52.

ZAMAÇOIS

382 — **Un Saltimbanque.**

Signé à droite.

H., 0m,28. L., 0m,21.

383 — **Personnage portant un costume Louis XI.**

Griffe de la vente à droite.

H., 0m,32. L., 0m,22.

ZIEM

384 — Marine.

Signé à droite.

H., 0^m,20. L., 0^m,32.

385 — La Pêche.

Signé à droite.

H., 0^m,19. L., 0^m,31

386 — Vue de Venise.

Signé à gauche.

H., 0^m,18. L., 0^m,32.

ZUBER (Henri)

387 — Le Port de Gênes.

Signé à gauche et daté 82.

H., 0^m,29. L., 0^m,44.

388 — Le Port de Menton.

Signé à gauche et daté 1882.

H., 0^m,29. L., 0^m,45.

389 — La Villa Rocamare, à Cannes.

Signé à droite et daté 82.

H., 0^m,29. L. 0^m,45.

ZUBER (Henri)

390 — **Oliviers au Cannet, près de Cannes.**

Signé et daté 82.

H., 0^m,29. L., 0^m,44.

391 — **La Mer à l'île Sainte-Marguerite, près de Cannes.**

Signé à droite et daté 82.

H., 0^m,29. L., 0^m,49.

392 — **Oliviers à San-Remo.**

Signé à droite et daté 82.

H., 0^m,40. L., 0^m,29.

393 — **La Plage à Bordighiera.**

Signé à gauche et daté 1882.

H., 0^m,29. L., 0^m,48.

394 — **Paysage aux environs de Cannes.**

Signé à gauche et daté 82.

H., 0^m,29. L., 0^m,44.

395 — **La Vieille Darse à Gênes.**

Signé à droite et daté 82.

H., 0^m,30. L., 0^m,45.

396 — **Le Port de Cannes.**

Signé à droite et daté 1882.

H., 0^m,24. L., 0^m,35

ZUBER (Henri)

397 — Le Troupeau du Taussat dans le bassin d'Arcachon.

Signé à droite et daté 1884.

H., 0m,29. L., 0m,45.

398 — Les Loups et les Brebis.

Aquarelle faite pour une illustration des *Fables de La Fontaine*.

Signé à gauche.

H., 0m,21. L., 0m,31.

399 — Les Deux Taureaux et une Grenouille.

Aquarelle faite pour une illustration des *Fables de La Fontaine*.

Signé à gauche.

H., 0m,21. L., 0m,29.

400 — Vue prise de l'extrémité du Cap d'Antibes.

Signé à droite et daté 97.

H., 0m,34. L., 0m,50.

401 — Les Pyrénées vues des Landes, à Lannemezan.

Signé à gauche et daté 1884.

H., 0m,29. L., 0m,44.

402 — Une Statue dans la Villa Doria, à Gênes.

Signé à droite et daté 82.

H., 0m,44. L., 0m,28.

ZUBER (Henri

403 — Port de Gênes.

Signé sur le canot et daté 82.

H., 0m,24. L., 0m,35.

404 — Un Mas près du Puits, dans le Var.

Signé à droite et daté 1884.

H., 0m,29. L., 0m,45.

405 — Le Lac de Mourissot, près de Biarritz.

Signé à droite et daté 84.

H., 0m,35. L., 0m,49.

13231. — Lib.-Imp. réunies, 7, rue Saint-Benoît, Paris.

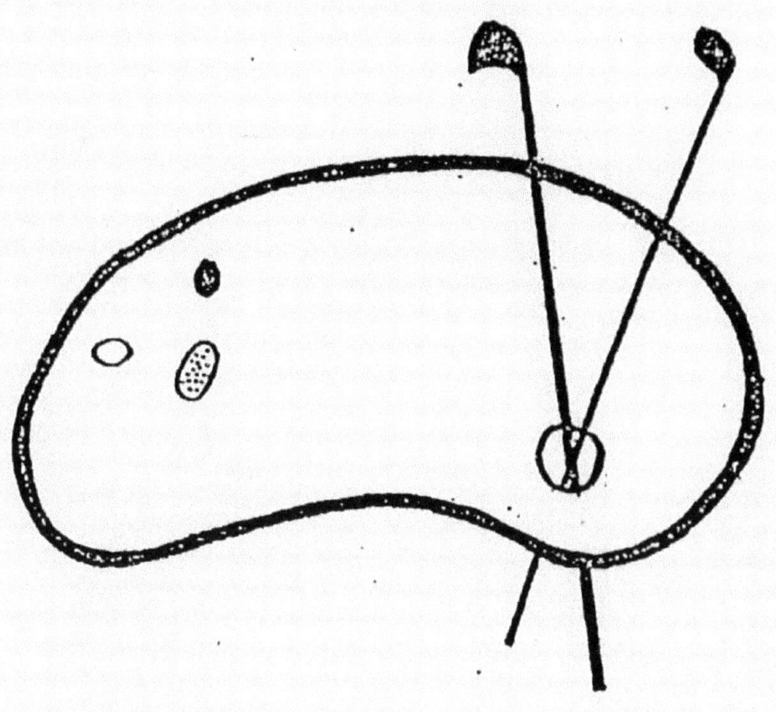

Estampes Anciennes

des Écoles Française, Anglaise, du XVIIIe Siècle

PORTRAITS — ANTIQUITÉS

Bijoux Anciens & Modernes

Vente, Achat, Commission

J'ai l'honneur de vous informer qu'ayant transféré mon magasin 13, RUE LAFFITTE, je serais très heureux d'y recevoir votre visite.

Veuillez agréer, M , mes civilités empressées.

G. Labaume

Vve HUTOT ET Cie. — PARIS

G. Labaume

13, Rue Laffitte

PARIS

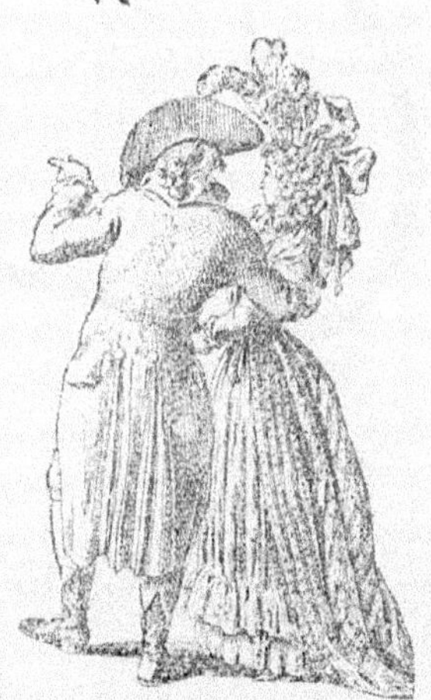

RED. :

17

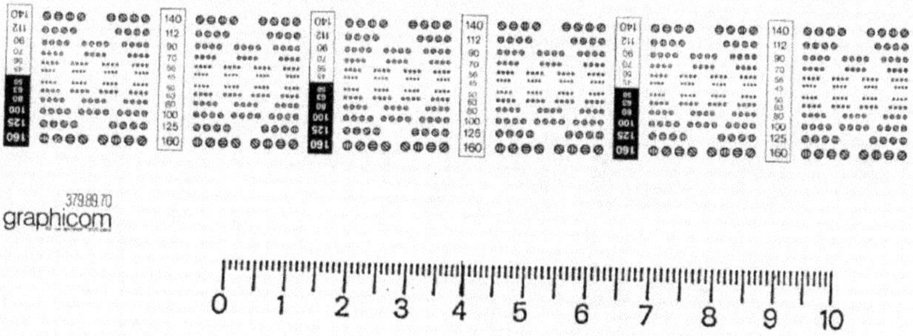

www.ingramcontent.com/pod-product-compliance
Ingram Content Group UK Ltd.
Pitfield, Milton Keynes, MK11 3LW, UK
UKHW021105270726
13993UKWH00006B/1020

9 782329 243870